BEI GRIN MACHT SICH IHR WISSEN BEZAHLT

- Wir veröffentlichen Ihre Hausarbeit,
  Bachelor- und Masterarbeit

- Ihr eigenes eBook und Buch -
  weltweit in allen wichtigen Shops

- Verdienen Sie an jedem Verkauf

Jetzt bei www.GRIN.com hochladen und kostenlos publizieren

Ernst Probst

Die ältere Bronzezeit in Nordrhein-Westfalen

Ein Abschnitt der Urgeschichte vor etwa 1500 bis 1200 v. Chr.

GRIN Verlag

Bibliografische Information der Deutschen Nationalbibliothek:

Die Deutsche Bibliothek verzeichnet diese Publikation in der Deutschen National-
bibliografie; detaillierte bibliografische Daten sind im Internet über http://dnb.d-
nb.de/ abrufbar.

Impressum:

Copyright © 2011 GRIN Verlag GmbH
Druck und Bindung: Books on Demand GmbH, Norderstedt Germany
ISBN: 978-3-656-04356-0

Dieses Buch bei GRIN:

http://www.grin.com/de/e-book/181254/die-aeltere-bronzezeit-in-nordrhein-west-
falen

GRIN - Your knowledge has value

Der GRIN Verlag publiziert seit 1998 wissenschaftliche Arbeiten von Studenten, Hochschullehrern und anderen Akademikern als eBook und gedrucktes Buch. Die Verlagswebsite www.grin.com ist die ideale Plattform zur Veröffentlichung von Hausarbeiten, Abschlussarbeiten, wissenschaftlichen Aufsätzen, Dissertationen und Fachbüchern.

Besuchen Sie uns im Internet:

http://www.grin.com/

http://www.facebook.com/grincom

http://www.twitter.com/grin_com

Bild auf der vorhergehenden Seite:

So genannter Stammesfürst
mit Beil und Schwert bewaffnet
aus der mittelbronzezeitlichen Hügelgräber-Kultur
nach einer historischen Trachtenrekonstruktion
des Münchener Historienmalers
und Altertumsforschers Julius Naue (1832–1907)

Ernst Probst

Die ältere Bronzezeit
in Nordrhein-Westfalen

Ein Abschnitt der Urgeschichte
vor etwa 1500 bis 1200 v. Chr.

Widmung

Dr. Rolf Breddin, Potsdam
Dr. Claus Dobiat, Marburg
Professor Dr. Markus Egg, Mainz
Dr. Rudolf Feustel, Weimar
Dr. Gretel Gallay (heute Callesen), Nidderau
Professor Dr. Hans-Eckart Joachim, Bonn
Professor Dr. Albrecht Jockenhövel, Münster
Professor Dr. Horst Keiling, Schwerin
Dr. Joachim Köninger, Freiburg/Breisgau
Professor Dr. Rüdiger Krause, Frankfurt/Main
Dr. Friedrich Laux, Hamburg
Dr. Berthold Schmidt, Halle/Saale
Dr. Peter Schröter, München
Dr. Klaus Simon, Dresden
Dr. Otto Mathias Wilbertz, Hannover
gewidmet, die mich bei meinem Buch
»Deutschland in der Bronzezeit« (1996)
mit Rat und Tat unterstützt haben,
sowie der wissenschaftlichen Graphikerin
Friederike Hilscher-Ehlert

Inhalt

Vorwort

Rund 300 Jahre Urgeschichte von etwa 1500 bis 1200 v. Chr. passieren in dem Taschenbuch »Die ältere Bronzezeit in Nordrhein-Westfalen« in Wort und Bild Revue. Geschildert werden die Anatomie und Krankheiten der damaligen Ackerbauern, Viehzüchter und Bronzegießer, ihre Siedlungen, Kleidung, ihr Schmuck, ihre Keramik, Werkzeuge, Waffen, Haustiere, ihr Handel und ihre Religion.

Verfasser ist der Wiesbadener Wissenschaftsautor Ernst Probst, der sich vor allem durch seine Werke »Deutschland in der Urzeit« (1986), »Deutschland in der Steinzeit« (1991) und »Deutschland in der Bronzezeit« (1996) einen Namen gemacht hat. Von 1986 bis 2011 veröffentlichte er mehr als 100 Bücher, Taschenbücher, Broschüren und E-Books.

Das Taschenbuch »Die ältere Bronzezeit in Nordrhein-Westfalen« ist Dr. Rolf Breddin, Professor Dr. Claus Dobiat, Professor Dr. Markus Egg, Dr. Rudolf Feustel, Dr. Gretel Gallay (heute Callesen), Professor Dr. Hans-Eckart Joachim, Professor Dr. Albrecht Jockenhövel, Professor Dr. Horst Keiling, Dr. Joachim Köninger, Professor Dr. Rüdiger Krause, Dr. Friedrich Laux, Dr. Berthold Schmidt, Dr. Peter Schröter, Dr. Klaus Simon und Dr. Otto Mathias Wilbertz gewidmet, die den Autor bei seinem Werk »Deutschland in der Bronzezeit« unterstützt haben.

Der dänische Archäologe
Christian Jürgensen Thomsen (1788–1865)
hat 1836 die Urgeschichte
nach dem jeweils am meisten verwendetem Rohstoff
in drei Perioden eingeteilt:
Steinzeit, Bronzezeit und Eisenzeit.

PAUL REINECKE,
geboren am 25. September 1872
in Berlin-Charlottenburg,
gestorben am 12. Mai 1958 in Herrsching.
Er wirkte 1897 bis 1908
am Römisch-Germanischen Zentralmuseum
in Mainz. 1908 bis 1937
war er Hauptkonservator
am Bayerischen Landesamt
für Denkmalpflege in München.
1917 wurde er kgl. Professor.
Reinecke teilte 1902 die Bronzezeit
in die Stufen A bis D ein.
1902 sprach er von der Straubinger Kultur
sowie von der Grabhügelbronzezeit
und später von der Hügelgräber-Bronzezeit.

Die Mittelbronzezeit in Deutschland

Abfolge und Verbreitung der Kulturen und Gruppen

In der Zeit von etwa 1600 bis 1300/1200 v. Chr., die in Süddeutschland als Mittelbronzezeit bezeichnet wird, beherrschten sämtliche im Gebiet von Deutschland verbreiteten Kulturen den Bronzeguss. Wegen dieses Fortschritts der Metallurgie hat 1935 der schwedische Prähistoriker Nils Åberg (1888–1957) die Mittelbronzezeit als Hochbronzezeit bezeichnet. Andere Autoren dagegen – vor allem in Norddeutschland – reden von der eigentlichen, reinen oder älteren Bronzezeit.

Der Mittelbronzezeit entsprechen in Süddeutschland vor allem die Stufen Bronzezeit B und C im Sinne der 1902 vorgenommenen Gliederung des damals in Mainz arbeitenden Prähistorikers Paul Reinecke (1872–1958). Demzufolge wird die Stufe Bronzezeit B in zwei Unterstufen eingeteilt (B 1 und B 2). Im Gegensatz zu früher tendiert man heute dahingehend, die Stufe Bronzezeit D (etwa von 1300 bis 1200 v. Chr.) erst der Spätbronzezeit zuzuordnen.

Mit der Mittelbronzezeit ist in Baden-Württemberg, Bayern, im Saarland, Rheinland-Pfalz, Hessen, Südthüringen und Sachsen-Anhalt die Hügelgräber-Kultur bzw. -Bronzezeit identisch. Sie dauerte in diesen Gebieten von etwa 1600 bis 1300/1200 v. Chr.[1] Die Hügelgräber-Kultur war damals von Ostfrankreich bis zum Karpatenbecken in Ungarn verbreitet. Sie wird von den Experten in mehrere lokale Gruppen gegliedert. Nordrhein-Westfalen gehörte nur bedingt zur Hügelgräber-Kultur. Dort werden die Funde zwischen 1500 und 1200 v. Chr. – norddeutscher Terminologie folgend – allgemein der älteren Bronzezeit zugerechnet. Damit findet die auf dem Kulturgefälle in der Frühbronzezeit zwischen dem Süden und dem Norden basierende Phasenverschiebung von Bronzezeitstufen terminologisch ihre Fortsetzung.

In Niedersachsen bezeichnet man den Abschnitt von etwa 1500 bis 1200 v. Chr. als ältere Bronzezeit. Diese umfasst die Stufe II in der Chronologie des schwedischen Prähistorikers Oscar Montelius (1843–1921) für die nordische Bronzezeit. Damals gab es in Niedersachsen mehrere lokale Gruppen: die zur Hügelgräber-Kultur gehörende Lüneburger Gruppe, die zum Nordischen Kreis zählende Stader Gruppe, die Südhannoversche Gruppe und die Oldenburg-emsländische Gruppe.

In Schleswig-Holstein und im Küstengebiet von Mecklenburg-Vorpommern begann um 1500 v. Chr. die nordische ältere Bronzezeit. Diese Kultur endete um 1200 v. Chr. Sie entspricht der Stufe II nach Montelius.

Die Funde von etwa 1500 bis 1300/1200 v. Chr. im westlichen Teil Brandenburgs werden der älteren Bronzezeit zugeordnet.

In Sachsen und Ostbrandenburg war ab ungefähr 1500 bis 1300/1200 v. Chr. die Vorlausitzer Kultur heimisch. Sie ging der spätbronzezeitlichen Lausitzer Kultur voraus.

Der Goldbecher von Fritzdorf

Die ältere Bronzezeit in Nordrhein-Westfalen

Weil das Gebiet von Nordrhein-Westfalen nicht zur hauptsächlich in Süddeutschland verbreiteten Hügelgräber-Kultur gehörte, ist im Rheinland und in Westfalen eine andere Gliederung der Bronzezeit vorgenommen worden. Dort bezeichnet man den Abschnitt von etwa 1500 bis 1200 v. Chr., der in Süddeutschland Mittelbronzezeit genannt wird, als ältere Bronzezeit.

Diese Phase galt vor allem im Rheinland lange Zeit als fundarm und daher schlecht zu erforschen. Man kannte kaum Siedlungsspuren und auch nur wenige Grab- und Opferfunde. Doch im Laufe der Zeit wandelte sich das Bild. Berücksichtigt man heute alle einzeln geborgenen Objekte dieser Zeit, so ist nach Ansicht des Bonner Prähistorikers Hans-Eckart Joachim weder am Mittel- noch am Niederrhein eine auffallende Fundleere festzustellen.

Auch Zweifel darüber, ob auf diese Periode der Begriff Bronzezeit zutrifft, sind inzwischen fehl am Platze. Denn im Rheinland und in Westfalen sind in unterschiedlicher Zahl bronzene Randleistenbeile, Absatzbeile, Lanzenspitzen, Dolche, Schwerter, Armringe und Schmuck gefunden worden. Ein Teil dieser Bronzeerzeugnisse wurde wohl mangels erschlossener Erzvorkommen importiert, andere hat man vermutlich aus eingetauschtem Erz und Altmetall selbst hergestellt.

Die Untersuchungen des Hattinger Anthropologen Ulrich Drenhaus an zwei Bestattungen aus einem Grabhügel von Wünnenberg-Haaren (Kreis Paderborn) zeigten, dass damals in Westfalen schon erstaunlich große Männer lebten: Der dort beerdigte, etwa mehr als 40 Jahre alte Mann maß 1,78 Meter, die etwa 20 Jahre alte Frau an seiner Seite war 1,60 Meter groß. Eine mindestens 30 Jahre alte Frau von Paderborn-Neuenbeken dagegen brachte es auf ungefähr 1,65 Meter.

Der Mann von Wünnenberg-Haaren litt an Zahnwurzelabszessen, von denen im Unterkiefer der linke Eckzahn und der rechte erste Backenzahn sowie im Oberkiefer der rechte Eckzahn betroffen gewesen sind. Außerdem war offenbar in beiden Kiefern die Zahnwurzelhaut erkrankt, was bereits zum Ausfall beider Vorbackenzähne im rechten Oberkiefer geführt hatte. Von den 17 noch vorhandenen Zähnen wurde an drei Karies festgestellt. Vermutlich wegen Kalziummangels blieben vor allem die Frontzähne im Ober- und Unterkiefer unterentwickelt.

Die Frau von Wünnenberg-Haaren könnte das Opfer einer Gewalttat geworden sein. Denn eine kreisförmige Verletzung auf ihrem Schädel lässt sich am besten durch einen Hieb mit einem stumpfen Gegenstand erklären. Am übrigen Skelett waren keine Spuren von

Hieb- oder Stichverletzungen – aber auch nicht von Krankheiten – zu erkennen. Angesichts des niedrigen Alters der Frau wäre es auch denkbar, dass sie im Kindbett gestorben ist.

Von der damaligen Kleidung blieben nur die bronzenen Nadeln übrig, die einst Gewandteile zusammenhielten. So kennt man aus dem Grab einer vornehmen Frau bei Werther (Kreis Gütersloh) eine 22,8 Zentimeter lange Doppelradnadel, deren radförmiger Kopf einen Durchmesser von 6,3 Zentimetern hat. Mit dieser Nadel wurde der Umhang der Toten verschlossen. Die Dame lag in einem Baumsarg, über dem man einen Grabhügel mit zwölf Meter Durchmesser und schätzungsweise einem Meter Höhe aufschüttete.

Auf einer Anhöhe zwischen zwei Schleifen des Flusses Ems in Telgte-Raestrup[1] (Kreis Warendorf) sind drei Grundrisse aus der älteren Bronzezeit aufgedeckt worden. Zwei dieser Häuser waren rund 30 Meter lang, bis zu fünf Meter breit und dreischiffig. In einem davon befand sich im Ostteil eine Herdstelle und in der südlichen Langseite der beidseits von drei Pfosten flankierte Eingang. Das dritte, merklich kleinere und nur einschiffige Gebäude mit den Maßen vier mal drei Meter dürfte lediglich ein Speicher gewesen sein.

In Telgte-Wöste[2] (Kreis Warendorf) wurde der Grundriss eines 25 Meter langen und sechs Meter breiten vierschiffigen Wohnstallhauses freigelegt sowie ein Jahr später im anschließenden Gelände sein mutmaßlicher

Vorgängerbau. Der Zutritt ins Innere erfolgte durch drei Eingänge – zwei davon lagen sich gegenüber in der Mitte der Längsseiten, einen weiteren gab es im Südostteil. In letzterem befand sich eine Feuerstelle und somit vermutlich der Wohnbereich. Dort gab es kleine Pfostengruben von quadratischen bis rechteckigen Gerüsten, auf denen man vielleicht Erntevorräte darrte. Flache Pfostenlöcher im anderen Teil des Gebäudes könnten von ehemaligen Viehboxen des Stalles stammen.

Unmittelbar neben dem Wohnstallhaus lag ein kleiner quadratischer Speichergrundriss. Vielleicht zum gleichen Hofkomplex, zumindest aber in jene Zeit, gehört eine kleine Gebäudegruppe aus einem quadratischen Pfostengrundriss mit einem eingegrabenen Vorratsgefäß in der Mitte und einem neun mal fünf Meter großen zweischiffigen Gebäude, das wahrscheinlich als Wohn- oder Werkstattgebäude diente. Auf Wohnzwecke deuten eine Feuerstelle außen vor der Südostecke sowie benachbarte Abfallgruben mit Keramik, Asche und »Kochsteinen« hin. Letztere hat man im Feuer erhitzt und ins Kochgut geworfen.

Zu dem erwähnten Gehöft in Telgte-Wöste gehörten zwei zirka 35 mal 45 beziehungsweise 50 Meter messende, blockförmige Ackerfluren, die zahlreichen Scherbenfunden zufolge sehr lange bewirtschaftet wurden. Auf Ackerbau deuten auch bronzene Sicheln an mehreren Orten in Nordrhein-Westfalen hin. Nach den Speisebeigaben im Doppelgrab von Wünnenberg-

Haaren zu schließen, sind unter anderem Schafe als Haustiere gehalten worden.

Die Tongefäße der älteren Bronzezeit in Nordrhein-Westfalen sind unansehnlich, klein und roh geformt. Der damals in Frankfurt/Main arbeitende Prähistoriker Ernst Sprockhoff (1892–1967) hat hierfür 1941 den Begriff »Kümmerkeramik« geprägt. Es handelt sich um dickwandige Näpfe, Becher und Henkeltassen, die schlecht gebrannt und nur selten mit Ornamenten versehen sind. Die wenigen verzierten Tongefäße wurden mit Eindrücken von Fingernägeln oder Fingertupfen sowie gelegentlich mit einem Bogenstrich- oder Tannenzweigmuster verschönert.

Der Fund eines Holzgefäßes in Hülsten (Kreis Borken) beweist, dass es neben Tongefäßen auch robustere Behältnisse aus anderem Material gab. Das Exemplar von Hülsten wurde aus Eichenholz hergestellt. Holzgefäße kennt man schon aus der jüngeren Steinzeit. Unter anderem zählten Schlagsteine aus Feuerstein und Schwefelkies, mit denen man Feuer machen konnte, zu den damaligen Werkzeugen. Feuerschlagsteine wurden in Borchen-Etteln (Kreis Paderborn) und Beverungen-Herstelle (Kreis Höxter) gefunden. Daneben gab es aber auch bronzene Werkzeuge wie Meißel oder Beilklingen, die nicht als Waffe geeignet waren.

Die bronzenen Waffen – Randleistenbeile, Lanzenspitzen, Schwerter und Dolche – wurden selten in Gräbern gefunden. Statt dessen kamen sie häufig in Gewässern zum Vorschein, wo sie als Opfergaben

versenkt worden sind. Dass es sich um solche handelte, schließt man daraus, dass die Gewässerfunde meistens ohne Gebrauchsspuren geborgen wurden.

Aus einem Gewässer stammen zwei Lanzenspitzen von Xanten (Kreis Wesel), wie deren Erhaltungszustand und Farbe verraten. Beide Stücke haben eine Tülle als Vorrichtung für den hölzernen Schaft. Die größere der beiden Xantener Lanzenspitzen ist über der Tüllenöffnung mit zwei feinen Linien verziert. Wegen ihrer kleinen Form, dem schmalen Blatt und der durchgehenden, bis zur Spitze laufenden Tülle werden diese Fundstücke in die ältere Bronzezeit datiert. Lanzenspitzen kennt man auch von Greven und Wadersloh.

Ebenfalls in einem Gewässer, nämlich in der Niers bei Grefrath-Oedt[3] (Kreis Viersen), lag ein Vollgriffschwert, dessen Form und Herstellungstechnik von anderen damaligen Schwertern abweicht. Dieses 43,8 Zentimeter lange Exemplar ist mit einer ungewöhnlichen Feuervergoldung auf dem Griff sowie eingegossenen Goldnieten und -reifen versehen. Sein Griff endet in einer Knaufplatte mit Mittelniet, den ein sechszackiger Stern mit Goldnietenden umgibt. Der Griff ist mit Kreisaugen, Linien, schraffierten Dreiecken und Punzreihen verziert. Die Herkunft der Waffe ist unbekannt.

Ein anderes Vollgriffschwert von Garzweiler (Kreis Neuss) soll aus einem Grab stammen. Obwohl die Spitze und der Knauf fehlen, ist dieser Fund noch 54,5 Zentimeter lang. Vergleichbare Vollgriffschwerter wurden um 1400/1300 v. Chr. in Nord-Seeland (Dänemark) hergestellt, von wo aus das Garzweiler Schwert ins Niederrheingebiet gelangt sein dürfte.

Noch größer ist mit einer Länge von 71 Zentimetern ein Griffzungenschwert aus den Testerbergen bei Bruckhausen (Kreis Wesel). Typisch für eine solche Waffe ist der mitgegossene zungenförmige Fortsatz des Heftes, der den Kern des Griffes bildete und auf beiden Seiten mit Holz, Knochen oder Geweih (Horn) versehen wurde.

Als Kurzschwert wird ein 24,5 Zentimeter langer Dolch aus Nörvenich (Kreis Düren) bezeichnet, dessen Blatt Riefen als Verzierungen aufweist. Solche prunkvollen Stichwaffen hat man vor allem in der Schweiz gefunden. Vielleicht sind der Dolch von Nörvenich und ein ähnlicher Fund aus dem Rhein bei Mainz in der Schweiz hergestellt worden und auf dem Tauschweg ins Rheinland gekommen.

Kurzschwerter kennt man auch aus Grabhügeln von Wünnenberg-Leiberg[4] (Kreis Paderborn). Ähnlichkeit mit Funden aus dem Pariser Becken hat ein 8,6 Zentimeter langer Dolch, der auf einem Acker bei Rheinbach (Rhein-Sieg-Kreis) zum Vorschein kam. Sein letzter Besitzer hatte die Dolchspitze umgebogen und somit diese Waffe unbrauchbar gemacht. Der Dolch trägt auf der rundlichen Griffplatte vier Nietlöcher zur Befestigung eines Griffes aus Holz, Knochen oder Geweih. Die Dolchmitte ist mit parallel verlaufenden Rillen verziert.

Zeichnung auf Seite 27:

*Auf einem Lebensbild von 1921
wurden die Menschen der Bronzezeit
als Jäger und Viehzüchter dargestellt.
Die Zeichnung stammt aus einem Buch
von Karl Schumacher (1860–1934),
dem damaligen Direktor
des Römisch-Germanischen Zentralmuseums
Mainz.*

27

Als Importstück, wahrscheinlich aus dem östlichen Mittelmeergebiet, gilt der 1954 beim Anlegen einer Rübenmiete bei Fritzdorf (Rhein-Sieg-Kreis) entdeckte Goldbecher. Er hatte in einem Tongefäß gestanden, von dem nur noch wenige Scherben erhalten blieben. Der Fritzdorfer Goldbecher ist 12,1 Zentimeter hoch und hat einen maximalen Durchmesser von 12,2 Zentimetern. Er wiegt 221 Gramm, besitzt einen Henkel, und sein Fassungsvermögen beträgt 1000 Kubikzentimeter. Sein Rand ist mit zwei Reihen von außen eingepunzter Buckel verziert.

Wegen des geringen Zinngehalts könnte der östliche Mittelmeerraum als Ursprungsland für den Fritzdorfer Goldbecher in Frage kommen. Der Fritzdorfer Fund weist eine große Ähnlichkeit mit dem Exemplar von Rillaton in Südengland und jenem von Eschenz in der Nordschweiz auf. Auch im Schachtgrab IV von Mykene in Griechenland wurde ein Goldbecher geborgen.

Nach Ansicht von Prähistorikern könnten die Goldbecher durch Wanderschmiede hergestellt worden sein. Es wird sogar darüber spekuliert, ob sich diese Kunsthandwerker an der vom mykenischen Ostmittelmeergebiet aus betriebenen Suche nach Kupfer, Gold und Zinn beteiligt haben. Warum der Fritzdorfer Goldbecher in einem Tongefäß versteckt und begraben wurde, bleibt ein Rätsel.

Die Frauen haben sich mit bronzenen Gewandnadeln, Armringen, -bändern und -spiralen geschmückt. Auch die Männer trugen Armschmuck sowie Gewandnadeln, die ihre Kleidung zusammenhielten und verschönerten. Beliebt waren vor allem kleinköpfige Nadeln und Radnadeln. In einem der Grabhügel auf dem Radberg bei Hülsten (Kreis Borken) lag als Seltenheit eine mit Birkenrinde verkleidete Holzschachtel, die offenbar als Schmucketui diente. Denn darin befand sich eine bronzene Armspirale.

Auch Depots mit Schmuckstücken wurden in Nordrhein-Westfalen zutage gefördert. Zu den größten Versteckfunden dieser Art gehört das Depot von Olfen[5] (Kreis Coesfeld). Es umfasste 15 teilweise verzierte bronzene Armringe. Sie haben einen Durchmesser von 5,4 bis 7,4 Zentimetern und lagen in einem Tongefäß. Es lässt sich nicht entscheiden, ob dieses Depot von einem Händler angelegt wurde, oder ob es als Opfer bestimmt war.

Ab der älteren Bronzezeit sind in Westfalen erstmals goldene Schmuckstücke in Gräbern nachweisbar. Zu diesen frühen Goldfunden gehören ein goldener Ring (Noppenring) mit einem Durchmesser von 1,2 Zentimetern aus einem Grabhügel von Wünnenberg-Leiberg und eine kleine Goldspirale von Delbrück (beide im Kreis Paderborn).

Bei Tauschgeschäften mit Angehörigen anderer Kulturen im Süden und Norden wechselten Roherz und Bronzeerzeugnisse den Besitzer. Über die Gegengaben hierfür kann man lediglich spekulieren. Vielleicht boten die Bauern im Rheinland und in Westfalen einen Teil ihrer Haustiere als Tauschobjekte an. Solche »Transaktionen« mit ihnen müssen sich gelohnt haben, weil ansonsten wohl kaum dabei ein mit Gold verziertes Schwert oder ein Goldbecher als Gegengabe »herausgesprungen« wäre.

Während der älteren Bronzezeit wurden die Toten in Nordrhein-Westfalen meistens einzeln in ausgestreckter Rückenlage beerdigt. Es gab aber auch Doppelbestattungen. Oft wurden die Verstorbenen in Baumsärge gebettet, die aus halbierten und ausgehöhlten dicken Eichenstämmen bestanden. Über den Gräbern hat man bis zu zwei Meter hohe Hügel mit einem Durchmesser von bis zu 20 Metern und mehr errichtet, die manchmal von Steinkreisen und hölzernen Pfostenringen umgeben waren.

Gelegentlich wurden auch Beisetzungen in jungsteinzeitlichen Grabhügeln vorgenommen, die fast ein Jahrtausend zuvor von Angehörigen der Schnurkeramischen Kultur aufgeschüttet worden waren. In diesen Fällen ersparte man sich die Mühe, selbst einen Grabhügel anzulegen.

Der Bielefelder Prähistoriker Klaus Günther hat im Sommer 1978 in Wünnenberg-Haaren (Kreis Paderborn) eine Doppelbestattung aus der älteren Bronzezeit untersucht. Dabei handelt es sich um das eingangs erwähnte Grab eines mehr als 40 Jahre alten Mannes und einer etwa zwanzigjährigen Frau, die offenbar zur gleichen Zeit aus unbekannten Gründen gestorben sind. Vielleicht war es ein Ehepaar, das durch eine Krankheit, einen Unfall oder eine Gewalttat ums Leben kam. Für die Frau wurde wegen ihrer Schädelverletzung auch schon eine Witwentötung erwogen.

Auf der Flur Postecke von Wünnenberg-Haaren hatte man vor mehr als 1300 v. Chr. eine Grabgrube ausgehoben und einen mindestens 60 Zentimeter breiten mannslangen Baumsarg hineingestellt. In dem Baumsarg lagen beide Toten auf dem Rücken, aber in entgegengesetzter Richtung: Der Kopf des Mannes befand sich im Westen, jener der Frau im Osten. Nach dem Zufüllen der Grabgrube wurden ein Feuer entzündet, ein Tongefäß aufgestellt, aus rituellen Gründen zertrümmert und ein Grabhügel aufgeschüttet, der zum Zeitpunkt der Ausgrabung noch 90 Zentimeter hoch war und einen Durchmesser von zwölf Metern hatte.

Eine andere Doppelbestattung aus der älteren Bronzezeit ist schon 1908 von Waldarbeitern beim Wegebau in einem Steinhügel am Bellenberg im Forst Schieder (Kreis Lippe) entdeckt worden. In diesem Grabhügel lagen ebenfalls zwei Menschen so nebeneinander, dass der Kopf des einen neben den Füßen des anderen ruhte.

Als Baumaterial für Grabhügel dienten – je nach den örtlichen Bodenverhältnissen – Sand, Heideplaggen, Löß oder Steine. In Heide- und Sandgebieten wurden Grabhügel aus Sand und aus dachziegelartig verlegten Heideplaggen errichtet. Dagegen schuf man im südwestfälischen Lößbereich um Büren vor allem Grabhügel aus lehmartigem Löß, der sich im Eiszeitalter abgelagert hatte. In der Gegend von Lippe wurden die

Zeichnung auf Seite 33:

Rekonstruktion eines Grabhügels
mit einem Pfostenkranz.
Solche imposanten Anlagen
gab es während der älteren Bronzezeit
in Nordrhein-Westfalen.
Hügel mit Pfostenkranz
kennt man in Nordwestdeutschland
schon aus der Jungsteinzeit.

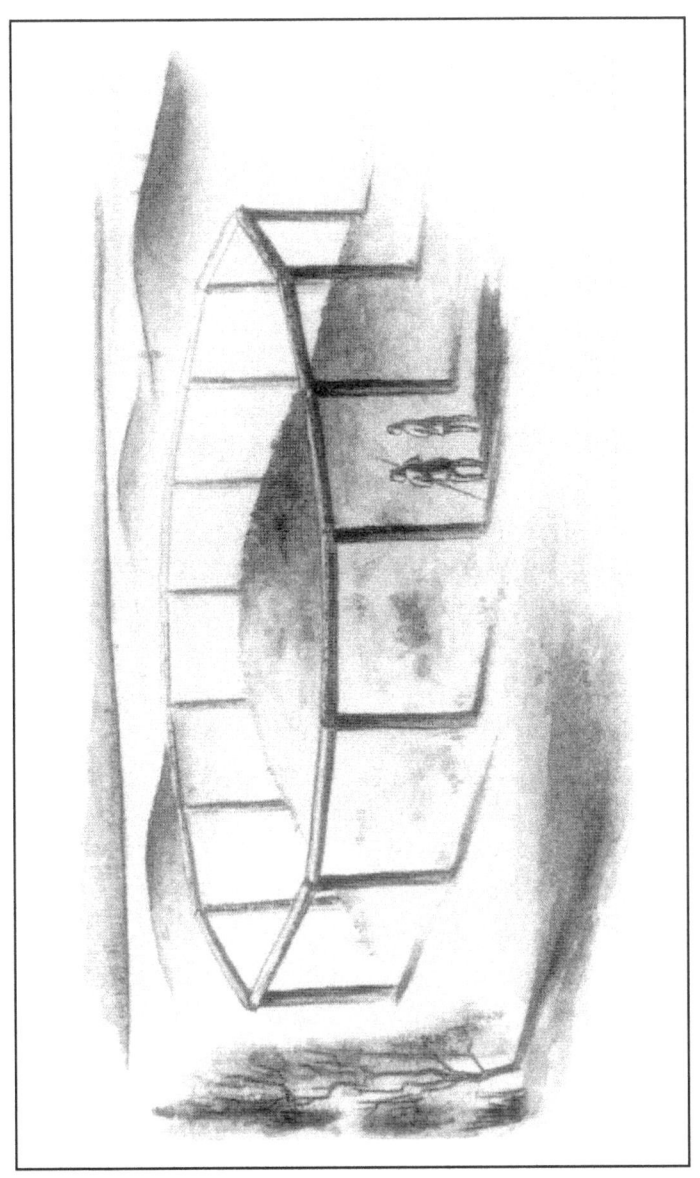

Grabhügel vorzugsweise aus faust- bis kopfgroßen Steinen aufgebaut und manchmal mit Erde oder Plaggen bedeckt.

Als Plätze für Grabanlagen dienten oft weithin sichtbare Bodenerhebungen, Anhöhen oder Bergrücken. Grabhügel wurden auch häufig entlang von Fernwegen aufgereiht. Offenbar sollten die Verstorbenen den vorbeigehenden Lebenden im Gedächtnis bleiben, vermutet der erwähnte Prähistoriker Klaus Günther. Die Grabhügel bildeten meistens Gruppen oder ganze Gräberfelder. Die größten Grabhügel sind heute noch knapp zwei Meter hoch und haben einen Durchmesser von bis zu mehr als 20 Metern.

Äußerlich unterschieden sie sich lediglich dadurch, wie sie eingefriedet wurden. Bei Ausgrabungen hat man Umhegungen in Form von Steinmauern, runden und vieleckigen (polygonalen) Gräben oder locker und dicht gestellten hölzernen Pfostenringen entdeckt.

Im südöstlichen Westfalen (Kreise Höxter, Lippe und Paderborn) stützte man die Hügelschüttung oft durch Ringmauern mit einer Höhe von einem halben bis zu einem Meter, die aus sorgfältig aufgeschichteten Steinplatten und -blöcken bestanden. Vielleicht sollten die Steinkreise lediglich die Erosion des Hügels verhindern. Die steinernen Ringmauern sind gelegentlich durch Lücken unterbrochen, die möglicherweise als symbolische Zugänge fungierten.

In Lahde (Kreis Minden-Lübbecke) wurde ein Grabhügel von einem Ring aus hölzernen Pfosten in lockerer

Aufstellung umgeben, während einen anderen auf dem Radberg von Hülsten (Kreis Borken) zwei dichtstehende Pfostenkreise säumten. In Haltern-Flaesheim (Kreis Recklinghausen) konnten innerhalb des Kreisgrabens eines Grabhügels acht Pfosten nachgewiesen werden.

Eine seltene Grabform waren so genannte Polygonalhügel, deren Einfassung aus kompakten Pfostenreihen oder aus waagrechten Balkenlagen oder aus einer Kombination von querliegenden Balken und aufrechten Zangenpfosten bestand.

Reste einer wahrscheinlich in Blockbauweise ausgeführten hölzernen Wand wurden unter einem Grabhügel von Künsebeck (Kreis Gütersloh) vorgefunden. In anderen Fällen zeugten nur die Pfosten- und Fundamentgräben sowie schattenhafte Umrisse von ehemaligen Holzkonstruktionen. Ob die Pfähle und Bohlenwände die Hügel lediglich einfassten oder auch überragten, konnte bislang nicht ermittelt werden.

Bei Ausgrabungen in Borchen-Etteln[6] (Kreis Paderborn) hat der Bielefelder Prähistoriker Daniel Bérenger eine für Westfalen bisher einmalige Bestattung entdeckt. Dort hatte man in einer mehr als mannslangen Mulde die Knochenreste einer verbrannten Leiche ausgestreut und mit einer flachen Lehmschüttung abgedeckt. Darüber wurde aus schräg gegeneinander gesetzten Eichenbohlen eine walmdachartige Totenhütte errichtet, die man bei der Totenfeier anzündete. Über den Resten der Totenhütte ist der Grabhügel aufgeschüttet worden.

Langgestreckte Ausstreuungen von Knochenresten verbrannter Menschen wie die unter der Totenhütte von Borchen-Etteln werden von den Experten als »Brandskelettgräber« bezeichnet. Sie führen Traditionen der vorher üblichen Körperbestattungen weiter und gelten als Übergangsform zwischen den Körpergräbern der älteren und den Brandgräbern der jüngeren Bronzezeit. Untersuchungen des Labors für Dendrochronologie im Institut für Ur- und Frühgeschichte der Universität Köln ergaben, dass die für die Totenhütte von Borchen-Etteln verwendeten Bohlen – nach den Jahrringen zu schließen – zwischen 1300 und 1250 v. Chr. gefällt wurden. Sie stammen von damals bereits zwischen etwa 250 und 300 Jahre alten Eichen.

Als das größte Gräberfeld der älteren Bronzezeit in Nordrhein-Westfalen gilt der Friedhof im Staatsforst Böddeken bei Haaren[7] (Kreis Paderborn) mit etwa 100 Grabhügeln. Weitere große Gräberfelder aus dieser Zeit sind aus Wünnenberg-Leiberg[8] (71 Grabhügel), Wünnenberg-Haaren[9] (56) und Borchen-Etteln[10] (35) bekannt, die ebenfalls im Kreis Paderborn liegen.

Gegen Ende der älteren Bronzezeit kam in Nordrhein-Westfalen der neue Brauch auf, Tote auf einem Scheiterhaufen zu verbrennen. Der Übergang vom alten zum neuen Ritual spiegelt sich in Gräbern wider, bei denen die neue Form der Brandbestattung noch mit der alten Beisetzungssitte in Baumsärgen verbunden wurde. In anderen Fällen hat man den Verstorbenen in einem Baumsarg verbrannt und während des Niederbrennens mit Erde überschüttet. Dieser Brauch ist durch ein Grab bei Heiden (Kreis Borken) mit »vermeilertem« Baumsarg dokumentiert.

Nach einer längeren Übergangszeit mit wechselnden Bestattungssitten setzte sich in Nordrhein-Westfalen die Urnenbestattung durch und behauptete sich dort mehr als ein Jahrtausend lang.

Die archäologischen Hinweise auf den damaligen Kult im Rheinland und in Westfalen sind spärlich und meistens vage. Sicher ist lediglich, dass noch unbenutzte, scharfe und spitze Waffen als Opfer für die Götter oder eine Gottheit in Gewässern versenkt wurden. Dies geschah wohl aus wichtigem Grund, denn ansonsten hätte man sich wohl kaum von so kostbaren Metallgegenständen getrennt.

Auch der wertvolle Goldbecher von Fritzdorf könnte eine Opfergabe gewesen sein. Außerdem spielten vermutlich Steinkreise, Pfostenringe und Gräben um Grabhügel eine Rolle im Kult.

Anmerkungen

Die Mittelbronzezeit in Deutschland
1] Die Zusammenstellung dieser Übersicht über die Verbreitung und Zeitdauer von Kulturen der Mittelbronzezeit entstand mit Hilfe der Prähistoriker Friedrich Laux vom Hamburger Museum für Archäologie, Hamburg-Harburg, Rolf Breddin vom Brandenburgischen Landesmuseum für Ur- und Frühgeschichte, Potsdam, und Klaus Simon vom Landesmuseum für Vorgeschichte, Dresden.

Die ältere Bronzezeit in Nordrhein-Westfalen
1] Die drei Grundrisse aus Telgte-Raestrup sind 1972/73 bei Rettungsgrabungen entdeckt worden.
2] Der Grundriss des vierschiffigen Wohnstallhauses von Telgte-Wöste wurde 1979 freigelegt.
3] Die Fundumstände und das Fundjahr des Vollgriffschwertes aus der Niers bei Grefrath-Oedt sind unbekannt.
4] Das Gräberfeld von Wünnenberg-Leiberg wurde vor 1840 entdeckt.
5] Das Depot von Olfen wurde 1957 gefunden.
6] In Borchen-Etteln hatte man bereits 1913 bei der Untersuchung eines Grabhügels unter einer Schicht aus rotverziegeltem Lehm eine längliche Streuung von verbrannten Knochen festgestellt. 1990 wurde dieser Hügel von der Außenstelle Bielefeld des Westfälischen

Museums für Archäologie/Amt für Bodendenkmalpflege unter der Leitung von Daniel Bérenger weiter
ausgegraben. Dabei stieß man auf Reste einer
verkohlten Totenhütte.

7] Das Gräberfeld im Staatsforst Böddeken bei Wünnenberg-Haaren wurde vor 1901 entdeckt.

8] In Wünnenberg-Leiberg hat der Gerichtsassessor und
spätere Kreisgerichtsrat Wilhelm Siegfried Adolf
Spancken aus Wünnenberg zwischen 1840 und 1846
insgesamt 14 Grabhügel geöffnet und die Ergebnisse
dem Oberpräsidenten von Westfalen in Münster be-
richtet. Insgesamt gibt es dort noch 71 Grabhügel,
nachdem ein Hügel, der durch Forstwegebau gefährdet war, 1959 von dem Archäologen Walter Rolf Lange (1907–1990) aus Bielefeld vollständig untersucht und
abgetragen wurde. Er entdeckte einen Kreisgraben von
16 Meter Durchmesser und in der Mitte ein Pfo-
stenrechteck von 1,40 mal 1,70 Meter, das mit der nicht
mehr feststellbaren Bestattung in Zusammenhang
stehen muss.

9] In der Grabhügelgruppe von Wünnenberg-Haaren
hat 1904 ein Oberförster einen Hügel geöffnet und den
Inhalt eines Brandgrabes (Kurzschwertklinge, Rand-
leistenbeil, Gewandnadel) geborgen. Als diese Grabhügelgruppe durch den geplanten Neubau der Bun-
desautobahn A 33 Bielefeld-Paderborn gefährdet war,
konnte die Trasse mit Rücksicht auf das bedeutende
Kulturdenkmal noch im Planungsstadium so weit
verschoben werden, dass nur zwei Hügel vom
Straßenbau betroffen waren. Diese beiden Grabhügel
wurden im Sommer 1978 vor Beginn der Erdarbeiten

vom Westfälischen Landesmuseum für Vor- und Frühgeschichte untersucht.

10] Das Gräberfeld von Etteln wurde zunächst 1913 von dem Prähistoriker August Stieren (1885–1970) aus Münster untersucht. Die systematische Ausgrabung aller Grabhügel, die heute fast restlos zerpflügt sind, hat das Westfälische Museum für Archäologie 1990 begonnen.

Literatur

Die Mittelbronzezeit in Deutschland
GOLDMANN, Klaus: Die mittlere Bronzezeit als Problem der Begriffs- und Zeitbestimmung. Aus: Beiträge zur Geschichte und Kultur der mitteleuropäischen Bronzezeit, Teil I, S. 165–168, Berlin/Nitra 1990
LAUX, Friedrich: Zur älteren und mittleren Bronzezeit in Niedersachsen. Aus: Beiträge zur Geschichte und Kultur der mitteleuropäischen Bronzezeit, Teil II, S. 275–294, Berlin/Nitra 1990
RIECKHOFF, Sabine: Im Zeichen des Schwertes. Mittlere und Späte Bronzezeit (1600–750 v. Chr.). Aus: Faszination Archäologie, S. 63–80, Regensburg 1990
RÖSLER, Horst: Mittlere Bronzezeit im Süden. Aus: HERRMANN (Herausgeber): Archäologie in der Deutschen Demokratischen Republik. Denkmale und Funde 1, S. 95–97, Leipzig 1989
SCHINDLER, Reinhard: Ältere und mittlere Bronzezeit (1800–1200 v. Chr.). Aus: Führer durch das Landesmuseum Trier, S. 12, Trier 1986
STEIN, Frauke: Steinzeit und Bronzezeit im Saarland. Führer zu vor- und frühgeschichtlichen Denkmälern. Band 5. Saarland, S. 12–17, Mainz 1966
STRUVE, Karl W.: Die ältere und mittlere Bronzezeit (Periode II-III). Aus: STRUVE, Karl W. / HINGST, Hans / JANKUHN, Herbert: Von der Bronzezeit zur Völkerwanderungszeit, S. 27–96, Neumünster 1979

TORBRÜGGE, Walter: Die mittlere Bronzezeit in Bayern. Aus: Beiträge zur Geschichte und Kultur der mitteleuropäischen Bronzezeit, S. 495–514, Berlin/Nitra 1990

WEBER, Gesine: Die Hügelgräberbronzezeit. Aus: Händler, Krieger, Bronzegießer. Bronzezeit in Nordhessen. Vor- und Frühgeschichte im Hessischen Landesmuseum in Kassel, Heft 3, S. 70–101, Kassel 1992

Die ältere Bronzezeit in Nordrhein-Westfalen

ASCHEMEYER, Hans: Ein bronzezeitlicher Hortfund von Olfen, Kr. Lüdinghausen. Germania, Jahrgang 37, Heft 1– 4, S. 271–272, Frankfurt/Main 1953

BÉRENGER, Daniel: Vor 3400 Jahren: Das Grab einer vornehmen Frau bei Werther und die Bronzezeit im Ravensberger Land. Ravensberger Blätter, Heft 2, S. 5–9, Bielefeld 1989

BÉRENGER, Daniel: Die bronzezeitliche Totenhütte von Borchen-Etteln, Kr. Paderborn. Archäologie in Deutschland, Heft 3, S. 51, Stuttgart 1991

DOMS, Anton: Ein Steinhügelgrab der älteren Bronzezeit in Paderborn-Neuenbeken. Ausgrabungen und Funde in Westfalen-Lippe 1983, Band 1, S. 33–44, Münster 1984

DRENHAUS, Ulrich: Skelettfunde der älteren Bronzezeit aus Wünnenberg-Haaren, Kreis Paderborn (Westfalen). Fundberichte aus Hessen 1979/80, Festschrift für Ulrich Fischer, 19./20. Jahrgang, S. 449–464, Wiesbaden 1980

DRIEHAUS, Jürgen: Ein bronzezeitliches Vollgriff-schwert aus der Niers. Bonner Jahrbücher, Band 168, S. 330– 369, Bonn 1968

GÜNTHER, Klaus: Steinzeit und ältere Bronzezeit im Westfälischen Landesmuseum für Vor- und Früh-geschichte. Landschaftsverband Westfalen-Lippe, Band 1, Münster 1979

GÜNTHER, Klaus / BÉRENGER, Daniel: Bronze-zeitliche Grabhügel auf der Paderborner Hochfläche. Fundberichte aus Hessen, 19./20. Jahrgang 1979/80, Festschrift für Ulrich Fischer, S. 369–422, Wiesbaden 1980

HOFFMANN, Hugo: Stand und Aufgaben der vor- und frühgeschichtlichen Forschung in Westfalen II. Westfälische Bronzezeitgruppen. Ältere Bronzezeit. Westfälische Forschungen, Band 1, S. 358–391, Mün-ster 1938

HÖMBERG, Philipp: Bibliographie zur Vor- und Frühgeschichte Westfalens. Münstersche Beiträge zur Vor- und Frühgeschichte Westfalens. Veröffentlichun-gen des Seminars für Vor- und Frühgeschichte der Universität, herausgegeben von Kurt Tackenberg und Karl J. Narr, Band 5, Hildesheim 1969

JOACHIM, Hans-Eckart: Ein nordisches Vollgriff-schwert aus Garzweiler, Kr. Grevenbroich. Das Rheinische Landesmuseum Bonn, S. 65–66, Bonn 1973

JOACHIM, Hans-Eckart: Neue Metallfunde der Bronze- und Urnenfelderzeit vom Niederrhein. Bon-ner Jahrbücher, Band 173, S. 257–266, Bonn 1973

JOACHIM, Hans-Eckart: Ältere Bronzezeit. Aus:

Rheinisches Landesmuseum Bonn. Auswahlkatalog, 1
Urgeschichte, S. 52–56, Bonn 1977

JOACHIM, Hans-Eckart: Waffen und Geräte der
Bronzezeit und Hallstattzeit im Rheinland. Aus:
HELLENKEMPER, Hansgerd / HORN, Heinz
Günter / KOSCHIK, Harald / TRIER, Bendix
(Herausgeber): Archäologie in Nordrhein-Westfalen.
Schriften zur Bodendenkmalpflege in Nordrhein-
Westfalen, Band 1, S. 155–156, Mainz 1990

LANGE, Walter R.: Vor- und Frühgeschichte im
Weserbergland bei Höxter. Einführung in die Vor- und
Frühgeschichte Westfalens, Heft 3, S. 20–32, Münster
1981

REICHMANN, Christoph: Ein bronzezeitliches
Gehöft bei Telgte, Kr. Warendorf. Archäologisches
Korrespondenzblatt, Jahrgang 12, S. 437–449, Mainz
1982

SCHUMACHER-MATTHÄUS, Gisela: »Bronze«-zeit
in Westfalen? Aus: HELLENKEMPER, Hansgerd /
HORN, Heinz Günter / KOSCHIK, Harald / TRIER,
Bendix (Herausgeber): Archäologie in Nordrhein-
Westfalen. Schriften zur Bodendenkmalpflege in
Nordrhein-Westfalen, Band 1, S. 156–161, Mainz 1990

STIEREN, August: Die vorgeschichtlichen Denkmä-
ler des Kreises Büren. Mitteilungen der Altertums-
Kommission für Westfalen, Band 7, S. 16–51, Münster
1922.

SUDHOLZ, Gisela: Die ältere Bronzezeit zwischen
Niederrhein und Mittelweser. Münstersche Beiträge
zur Vorgeschichtsforschung, Band 1, Hildesheim
1964

USLAR, Rafael: Der Goldbecher von Fritzdorf bei Bonn. Germania, Jahrgang 33, Heft 4, S. 319–323, Frankfurt/ Main 1955

Bildquellen

Klaus Benz, Fotograf, Mainz-Laubenheim: 51
Reproduktionen von Fotos aus dem Buch „Deutschland
in der Bronzezeit" (1996) von Ernst Probst: 22
(Rheinisches Landesmuseum, Bonn), 12 (Römisch-
Germanisches Zentralmuseum Mainz),
Reproduktionen von Zeichnungen aus dem Buch
„Deutschland in der Bronzezeit« (1996) von Ernst
Probst: 33 (Reproduktion aus Klaus Günther: Steinzeit
und ältere Bronzezeit im Westfälischen Landesmuseum
für Vor- und Frühgeschichte. Aus: Bendix Trier (Herausgeber): Einführung in die Vor- und Frühgeschichte
Westfalens, Heft 1, S. 62, Abb. 50, Münster 1979), 27
(Rekonstruktion aus Karl Schumacher: Handbücher des
römisch-germanischen Central-Museums Mainz, Nr. 1.
Siedelungs und Kulturgeschichte der Rheinlande von
der Urzeit bis in das Mittelalter, I. Band: Die Vor-
römische Zeit, Tafel, 20, Mainz 1921), 11 (Reproduktion
aus Jorn Street-Jensen: Christian Jürgensen Thomsen
und Ludwig Lindenschmit: Eine Gelehrtenkor-
respondenz aus der Frühzeit der Altertumskunde (1853–
1964), Mainz 1985), 1 (Reproduktion einer historischen
Trachtenrekonstruktion des Münchner Historienmalers
und Altertumsforschers Julius Naue, Foto: Prähi-
storische Staatssammlung, München)

Der Autor Ernst Probst

Ernst Probst, geboren am 20. Januar 1946 in Neunburg vorm Wald im bayerischen Regierungsbezirk Oberpfalz, ist Journalist und Wissenschaftsautor. Er arbeitete von 1968 bis 1971 als Redakteur bei den »Nürnberger Nachrichten«, von 1971 bis 1973 in der Zentralredaktion des »Ring Nordbayerischer Tageszeitungen« in Bayreuth und von 1973 bis 2001 bei der »Allgemeinen Zeitung«, Mainz. In seiner Freizeit schrieb er Artikel für die »Frankfurter Allgemeine Zeitung«, »Süddeutsche Zeitung«, »Die Welt«, »Frankfurter Rundschau«, »Neue Zürcher Zeitung«, »Tages-Anzeiger«, Zürich, »Salzburger Nachrichten«, »Die Zeit", »Rheinischer Merkur«, »Deutsches Allgemeines Sonntagsblatt«, »bild der wissenschaft«, »kosmos«, »Deutsche Presse-Agentur« (dpa), »Associated Press« (AP) und den

»Deutschen Forschungsdienst« (df). Aus seiner Feder stammen die Bücher »Deutschland in der Urzeit« (1986), »Deutschland in der Steinzeit« (1991), »Rekorde der Urzeit« (1992), »Dinosaurier in Deutschland« (1993 zusammen mit Raymund Windolf) und »Deutschland in der Bronzezeit« (1996). Von 2001 bis 2006 betätigte sich Ernst Probst als Buchverleger sowie zeitweise als internationaler Fossilienhändler und Antiquitätenhändler. Insgesamt veröffentlichte er mehr als 100 Bücher, Taschenbücher, Broschüren und E-Books.

Bücher von Ernst Probst

Affenmenschen
Von Bigfoot bis zum Yeti

Annie Oakley
Die Meisterschützin des Wilden Westens

Archaeopteryx. Der Urvogel aus Bayern

Christl-Marie Schultes. Die erste Fliegerin in Bayern
(zusammen mit Theo Lederer)

Cortés und Malinche. Der spanische Eroberer
und seine indianische Geliebte

Das Dinotherium-Museum Eppelsheim
Führer durch die Ausstellung
(zusammen mit Dr. Jens Lorenz Franzen
und Heiner Roos)

Der Europäische Jaguar

Der Mosbacher Löwe
Die riesige Raubkatze aus Wiesbaden

Der Rhein-Elefant
Das Schreckenstier von Eppelsheim

Die Dolchzahnkatze *Smilodon*

Die Säbelzahnkatze *Machairodus*

Die Säbelzahnkatze *Homotherium*

Die Schweiz in der Frühbronzezeit

Die Schweiz in der Mittelbronzezeit

Die Schweiz in der Spätbronzezeit

Dinosaurier in Deutschland. Vom *Efraasia*
bis zu *Sellosaurus*

Dinosaurier von A bis K. Von *Abelisaurus*
bis zu *Kritosaurus*

Dinosaurier von L bis Z. Von *Labocania*
bis zu *Zupaysaurus*

Eiszeitliche Geparde in Deutschland

Eiszeitliche Leoparden in Deutschland

Frauen im Weltall

Höhlenlöwen. Raubkatzen im Eiszeitalter

Johann Jakob Kaup
Der große Naturforscher aus Darmstadt

Julchen Blasius
Die Räuberbraut des Schinderhannes

Königinnen der Lüfte in Deutschland

Königinnen der Lüfte in Europa

Königinnen der Lüfte in Amerika

Königinnen der Lüfte von A bis Z

Königinnen des Tanzes

Malende Superfrauen

Meine Worte sind wie die Sterne
Die Entstehung der Rede des Häuptlings Seattle
(zusammen mit Sonja Probst)

Monstern auf der Spur
Wie die Sagen über Drachen, Riesen
und Einhörner entstanden

Österreich in der Frühbronzezeit

Österreich in der Mittelbronzezeit

Österreich in der Spätbronzezeit

Pompadour und Dubarry. Die Mätressen
von Louis XV.

Raub-Dinosaurier von A bis Z.
Mit Zeichnungen von Dmitry Bogdanav
und Nobu Tamura

Rekorde der Urmenschen
Erfindungen, Kunst und Religion

Rekorde der Urzeit
Landschaften, Pflanzen und Tiere

Säbelzahnkatzen. Von *Machairodus*
bis zu *Smilodon*

Säbelzahntiger am Ur-Rhein. *Machairodus*
und *Paramachairodus*

Seeungeheuer
Von Nessie bis zum Zuiyo-maru-Monster

Superfrauen aus dem Wilden Westen

Superfrauen 1 – Geschichte

Superfrauen 2 – Religion

Superfrauen 3 – Politik

Superfrauen 4 – Wirtschaft und Verkehr

Superfrauen 5 – Wissenschaft

Superfrauen 6 – Medizin

Superfrauen 7 – Film und Theater

Superfrauen 8 – Literatur

Superfrauen 9 – Malerei und Fotografie

Superfrauen 10 – Musik und Tanz

Superfrauen 11 – Feminismus und Familie

Superfrauen 12 – Sport

Superfrauen 13 – Mode und Kosmetik

Superfrauen 14 – Medien und Astrologie

Tony und Bruno Werntgen. Zwei Leben
für die Luftfahrt (zusammen mit Paul Wirtz)

Zenobia von Palmyra. Eine Frau kämpft
gegen die Römer

Bestellungen bei: http://www.grin.com